MEININGEN

Altstadtromantik – eines der ältesten Fachwerkhäuser der Stadt (Ernestinerstraße 49)

MEININGEN

Mit Richard Mader
zu den kulturellen Kostbarkeiten und einmaligen Landschaften
an der Klassikerstraße in Thüringen

Justus Perthes Verlag Gotha

Beherrschend auf dem Markt – der 1873 aufgestellte Heinrichsbrunnen

Inhaltsverzeichnis

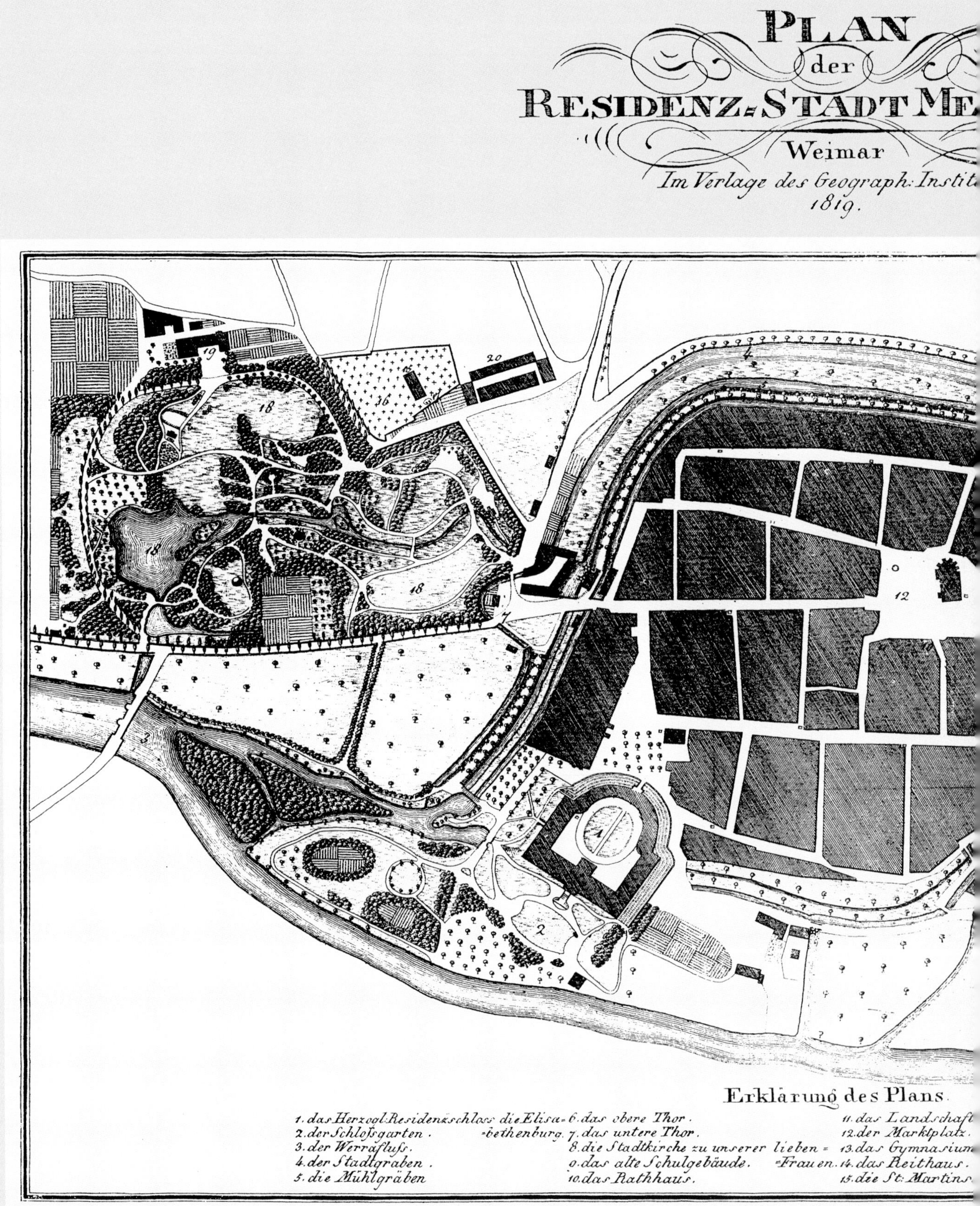
PLAN
der
RESIDENZ=STADT ME
Weimar
Im Verlage des Geograph: Instit
1819.
Erklärung des Plans.
1. das Herzogl: Residenzschloss die Elisa=bethenburg.
2. der Schlossgarten.
3. der Werrafluss.
4. der Stadtgraben.
5. die Mühlgräben
6. das obere Thor.
7. das untere Thor.
8. die Stadtkirche zu unserer lieben=Frauen.
0. das alte Schulgebäude.
10. das Rathhaus.
11. das Landschaft
12. der Marktplatz.
13. das Gymnasium
14. das Reithaus.
15. die St: Martins

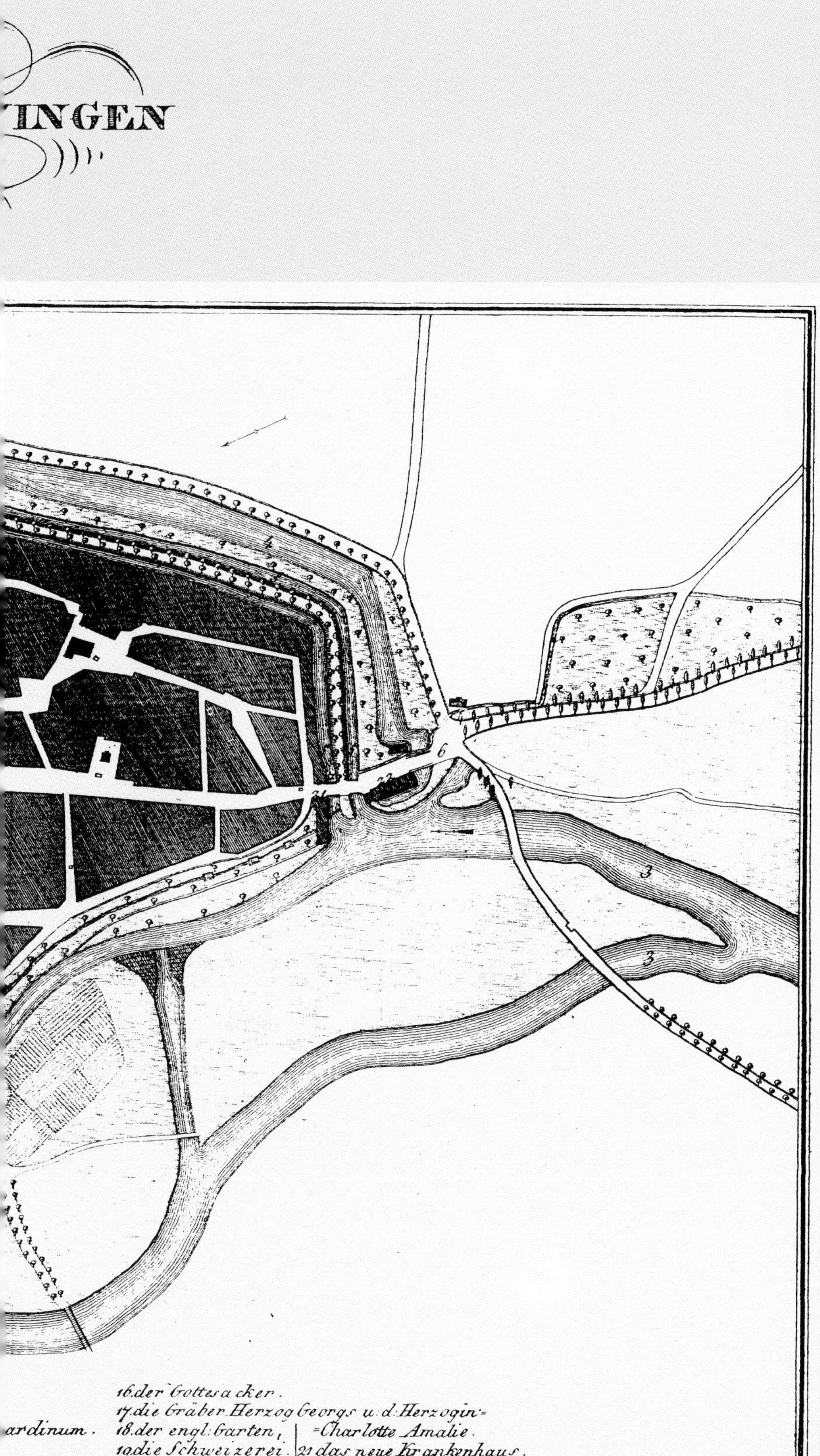

Daß dieser historische Stadtplan der Werrastadt Meiningen Bezug zu den Klassikern hat, ist zunächst nicht ohne weiteres offensichtlich.

1819 jedoch ist er in Weimar kartographiert und gedruckt worden, und zwar im Verlag des Geographischen Instituts. Der Verleger war niemand anderes als Friedrich Justin Bertuch. **Goethe** selbst bezeichnete diesen seinen Zeitgenossen gern leicht spöttelnd, sicherlich aber auch mit Anerkennung, als den Allerweltskerl von Weimar.

Bertuch hat nicht umsonst einen Stadtplan Meiningens in sein Verlagsprogramm aufgenommen. Begann doch seinerzeit der südthüringische Fürstensitz nach und nach aus kleinstaatlicher Provinzialität aufzutauchen und die Folgen absolutistischer Mißwirtschaft abzuschütteln. Das findet natürlich auch in diesem Stadtplan seinen Niederschlag.

An ihm ist jedoch zunächst einmal interessant, zur Kenntnis zu nehmen, daß sich auch nach dem großen Stadtbrand 1874 der historisch überkommene Grundriß der Altstadt kaum verändert hat. Das Obere und Untere Tor allerdings – beide 1819 noch die einzigen größeren Zugänge zur Stadt – stehen lange nicht mehr, genauso wie das Rathaus an der Südseite des Marktes, das leider 1945 dem Bombenkrieg zum Opfer fiel.

Zudem war die Stadt vor 175 Jahren so gut wie noch gar nicht über ihre historischen Mauern hinausgewachsen. Insbesondere die nach Norden weisende Bernhardstraße mit ihren klassizistischen Prachtbauten und dem Hoftheater, das Meiningen europaweit als Musik- und Theaterstadt bekannt machte, fehlen noch.

Daß neues Denken Platz gegriffen hat, zeigt uns vor allem der nördlich der Stadt rechts der Werra angelegte Englische Park. Herzog Georg I., Reformator und von den Ideen der bürgerlichen Aufklärungsphilosophie geprägt, ließ ihn ab 1782 dort anlegen.

Plan der Residenzstadt Meiningen des Geographischen Instituts zu Weimar von 1819.
Der Stadtplan ist nicht, wie heute üblich, nach Norden ausgerichtet.
Maßstab etwa 1:5000.
Größe des Originals 37 x 21,5 cm.

❶...⓯ Altstadtbummel durch die ehemalige Residenzstadt

1 Nordende Georgstraße mit Hotel "Sächsischer Hof" und Henneberger Hof

2 Georgstraße mit
3 Büchnerschem Hinterhaus (Georgstraße 20)

4 Markt mit Heinrichsbrunnen

5 Stadtkirche "Unserer Lieben Frauen"

6 Nonnenplan

7 Töpfemarkt mit Zackschem Haus

8 Schwabenberg mit Hartungschem Haus und Haus Schwabenberg Nr. 10

9 Bleichgräben

10 Anton-Ulrich-Straße mit Baumeisterhaus

11 Südliche Ernestinerstraße mit Katholischer Kirche und Fachwerkhaus Ernestinerstraße 49

12 Ernestinerstraße/Schlundgasse mit Schlundhaus (Schlundgasse) Haus "Zum Rautenkranz" (Ernestinerstr. 40)

13 Alte Posthalterei

Bernhardstraße mit
14 Kleinem Palais
15 Großem Palais

Ⓐ...Ⓒ Kultureller Mittelpunkt Südthüringens

A Barockschloß Elisabethenburg mit Bibrasbau (Nordflügel mit Archiven und Musikschule) Schloßkirche und Schloßmuseum (historische Schloßräume, Ausstellung zur Theater- und Musikgeschichte Meiningens, Kunst- und Kunsthandwerkssammlungen)

B Meininger Theater

C Literaturmuseum "Baumbachhaus"

Ausruhen im Grünen

Schloßgarten

Englischer Garten mit
Wasserfall und künstlichen Ruinen,
Herzoglicher Gruftkapelle
und Denkmälern für Ludwig Bechstein, Johannes Brahms, Jean Paul, Max Reger und die Familie Butmann, Parkgestalter in drei Generationen

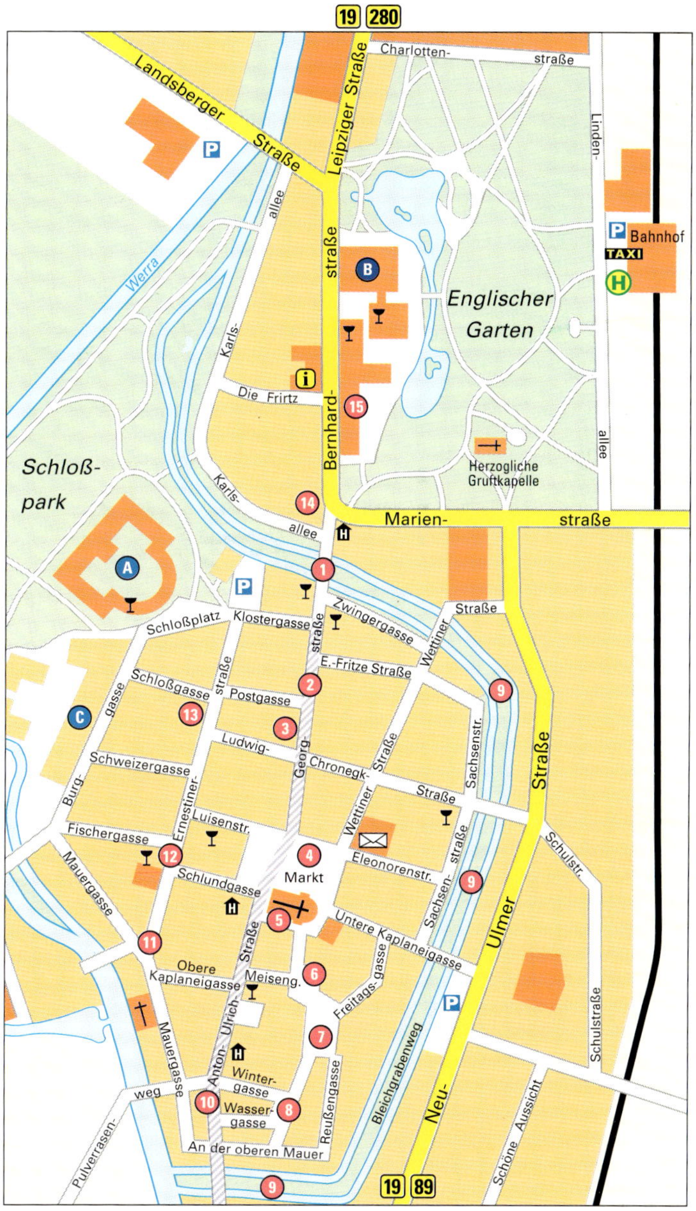

Meiningen-Innenstadtplan

Maßstab 1 : 8 000
0 100 200 m

- bebaute Fläche
- öffentliche Gebäude
- Park, öffentliche Grünanlage
- Hauptverkehrsstraße
- Fußgängerzone
- Meiningen-Information
- Postamt
- Parkplatz
- Busbahnhof
- Taxihaltestelle
- Hotel, Pension
- Gaststätte, Café

❶...⓯ Empfohlener Stadtrundgang

Ⓐ...Ⓒ Kulturelle Sehenswürdigkeiten

Vom Königsgut zum Fürstensitz – aus der Geschichte Meiningens

Schon lange vor der ersten urkundlichen Erwähnung Meiningens besiedelten Menschen diese Region. Prähistorische Funde belegen das. Dort, wo sich heute der Englische Garten befindet, fand man 1861 Knochen, Scherben und Wandbewurf von Wohnstätten. Diese Funde berechtigen zur Annahme, daß hier schon in der Eiszeit Menschen lebten.

Historische Kontinuität aber läßt sich bis 531 zurückverfolgen, als das Thüringer Reich nach der Schlacht bei Burgscheidungen von den Franken, die sich nach Osten ausbreiteten, unterworfen wurde. Etwa zu Beginn des 8. Jahrhunderts fand eine administrative Eingliederung in das Frankenreich statt. Von Würzburg aus begann die christliche Missionierung. An wichtigen Straßen und Furten entstanden nach und nach Siedlungen und auch Königshöfe, so wohl auch am Werraübergang von Meiningen.

Nachdem der deutsche Kaiser Otto II. 982 in Italien die Schlacht gegen die Sarazenen verlor, wurde das Königsgut Meiningen dem Stift Sankt Peter und Paul in Aschaffenburg übereignet. Das belegt eine Urkunde von 982. Doch 1008 wird der Königshof Meiningen wieder Würzburg angeschlossen.

Obwohl schon um 1000 an der Stelle der heutigen Stadtkirche ein Vorgängerbau gestanden hat und eine Handwerkersiedlung bestanden haben muß, wird Meiningen erst 1230 in einer Urkunde „civitas", also Stadt, genannt. An der Handelsstraße von Thüringen nach Franken konnte sich die Altstadt entwickeln. Den rechteckigen Marktplatz mit einem Rathaus gab es bereits im 13. Jahrhundert.

Im 14. Jahrhundert wurde die Stadt befestigt. Vom Oberen und Unteren Tor und den zahlreichen Türmen der Befestigungsanlage, die bis zur Mitte des 19. Jahrhunderts bestanden hat, steht heute praktisch nichts mehr. In einer Burg zur Sicherung der Stadt hatte ein Amtmann des Bischofs von Würzburg seinen Sitz. Später wurde an dieser Stelle Schloß Elisabethenburg errichtet.

Wann Meiningen die Stadtrechte erhielt, ist unbekannt. Doch 1344 bekam es die Rechte der Freien Reichsstadt Schweinfurt. Kaiser Ludwig der Bayer erlaubte der Stadt, statt der drei Türme im Wappen nunmehr fünf darzustellen. Das im Wappen geöffnete Stadttor enthielt noch ein Bischofshaupt mit Mitra.

Meiningen von Osten aus gesehen, um 1850

Mit der wachsenden Macht der Grafen von Henneberg trat an diese Stelle dann die Henne. Am Aufstand der Städte gegen die landesherrliche Oberhoheit im Bistum Würzburg beteiligte sich Meiningen von 1397 bis 1400. Auch 1432 verteidigten sich die Bürger gegen Übergriffe des bischöflichen Amtmanns und zerstörten die Burg. Doch der Bischof von Würzburg konnte seinen Einfluß auf die Stadt ausbauen. Die Stadt mußte erhebliche Rechtsverluste hinnehmen. Der Wiederaufbau der 1478 vernichteten Burg unter Bischof Lorenz von Bibra zwischen 1509 und 1511 fand in einer Zeit statt, die bereits durch den Unmut der Bauern und Bürger geprägt war. Nach der Beteiligung der Meininger Bürger am Bauernkrieg wurden die Rechte der Stadt durch Bischof Konrad abermals eingeengt.

1542 tauschten die Grafen von Henneberg Meiningen gegen das Amt Mainberg ein. Die Stadt geriet unter die Territorialherrschaft dieses mächtigen fränkischen Fürstengeschlechtes und fiel nach deren Aussterben 1583 an die Wettiner.

An der Wende vom 16. zum 17. Jahrhundert konnte sich die ökonomische Situation der Stadt erheblich verbessern. Mit der Herstellung von Tuchen, Leinen und Barchent aus heimischen Rohstoffen entstanden neue Wirtschaftszweige. Erstklassige Tuche fanden im europäischen Markt guten Absatz. Doch leider nur bis zum Dreißigjährigen Krieg.

Die Zeit extremer Kleinstaaterei begann: 1660 kommt Meiningen zum Herzogtum Sachsen-Altenburg und 1672 zum Herzogtum Sachsen-Gotha, das schon 1680 unter die sieben Söhne Herzogs Ernst des Frommen aufgeteilt wird.
Es entsteht so das Herzogtum Sachsen-Meiningen. Schloß Elisabethenburg wird als Sitz für die neuen Herren gebaut. Doch absolutistische Mißwirtschaft und kleinkarierte lokale Kriege und Nichtigkeiten ruinieren Meiningen.

Die erhoffte Besserung trat erst ein, als Herzogin Amalie (1730–1801) die Regierungsgeschäfte übernahm. Sie war die Mutter der zu diesem Zeitpunkt noch unmündigen Söhne Karl und Georg.

Erhebliche Reformen im Bildungs-, Rechts- und Gesundheitswesen unter den Herzögen Karl und Georg I. folgten. Die Ideen der Aufklärung bestimmten zunehmend den Geist der stark wachsenden Stadt, die sich endlich von ihrer Befestigungsanlage befreien konnte. Der Englische Garten entstand, und der einst barock angelegte Schloßgarten wurde im englischen Stil erneuert. 1847 wurde die repräsentative Residenzstraße mit dem Palais und einem Kaufhaus fertiggestellt, 1831 das Hoftheater eröffnet.

Stadtprägend wirkten die Befürchtungen von Herzog Bernhard II. Erich Freund (1800–82), daß moderne Industrieanlagen unschöne Begleiterscheinungen mit sich brächten. Deshalb begünstigte er, daß sich Banken und andere Dienstleister, wie man heute sagt, in Meiningen etablierten. Im preußisch-österreichischen Krieg 1866 sympathisierte der Herzog mit den Österreichern und ihren süddeutschen Verbündeten. Der Sieger, Kaiser Wilhelm I., wollte ihn dafür bestrafen und drohte, Meiningen dem Herzogtum Sachsen-Coburg-Gotha zuzuschlagen. Nur der Rücktritt Herzog Bernhards zugunsten seines Sohnes konnte dies vereiteln.

Postkarte von 1897

Ecke Georg-/Marienstraße (Postkarte 1905)

Damit begann die Ära von Herzog Georg II., die vor allem von kulturellen Höhepunkten begleitet wurde. Er war es auch, der durch seine Impulse der Stadt eine europäische Dimension verlieh. Seine Ideen bewirkten eine tiefgreifende Reform der europäischen Schauspielkunst und des Musikgeschehens. Namhafte und weltberühmte Interpreten wirkten in der Residenzstadt. Zusammen mit seiner Gemahlin, Freifrau von Heldburg, verkörperte er humanistische Lebensart und kunstorientierte Bildungsmöglichkeiten. In dieser Tradition versteht sich die moderne Stadt übrigens auch heute noch.

1874 zerstörte ein fürchterlicher Stadtbrand wesentliche Teile Meiningens. Die Stadt mußte den Verlust vieler, teils kulturgeschichtlich wertvoller Fachwerkhäuser hinnehmen. Mit der Hilfe vieler deutscher Städte konnte aber wertvolle Bausubstanz erneuert und der Zukunft erhalten werden.

Kurz vor dem Ersten Weltkrieg starb Herzog Georg II. Eine große Epoche nahm damit ihr Ende. Die Revolution von 1918 bedeutete auch das Aus für das Herzogtum Sachsen-Meiningen. Sein letzter Regent, Berhard III., Nachfolger von Georg II., gibt auf, nachdem ihm die Abdankungsurkunde vom Soldaten- und Arbeiterrat vorgelegt wird.

Meiningen in der Zukunft (Postkarte 1905)

Altstadtbummel durch die ehemalige Residenzstadt

Die Bernhardstraße mit ihren repräsentativen klassizistischen Gebäuden – im Vordergrund das Große Palais, heute Landratsamt

Rückbesinnung – schöne alte Bürgerbauten im Stadtbild entdecken

Einen Rundgang durch die Altstadt sollte man am besten Ecke Georg- und Marienstraße beim Hotel **Sächsischer Hof** beginnen. Als älteste erhaltene Gastherberge der Stadt wurde es von 1798–1802 gebaut.

Auf der rechten Seite am Anfang der Georgstraße fällt ein besonders schönes Fachwerkhaus mit Fußgängerdurchgang auf. Es ist das **Henneberger Haus**, der 1894 fertiggestellt wurde und in seiner architektonischen Konzeption der in der Stadt bevorzugten Fachwerkbauweise angepaßt ist. Das Sitznischenportal im Stil der Renaissance stammt noch von einem älteren Vorgängerbau.

Die **Georgstraße** ist *die* Flanier- und Einkaufsstraße Meiningens. Hier sollten aber nicht allein nur die Auslagen in den Schaufenstern Beachtung finden, sondern auch die Vielfalt der Fassaden. Sie vermitteln auch heute noch jene elegante und heitere Atmosphäre, die für die ehemalige Residenzstadt typisch war.

Bevor der Marktplatz erreicht ist, lädt eine Idylle zur Besichtigung ein, die sich hinter dem Eingang Georgstraße 20 verbirgt. Dort steht das **Büchnersche Hinterhaus** aus dem Jahre 1596. Es dokumen-

1894 im Fachwerkstil errichtet – das „Henneberger Haus"

Flanieren, Einkaufen, Menschen kennenlernen und sich gemüt

Liebevoll gestalteter Fassadenschmuck am „Büchnerschen Hinterhaus"

Georgstraße – allerorten schmucke Details

tiert vergangenen Wohlstand, Resultat von Tuchherstellung und Tuchhandel in der Übergangszeit vom 16. zum 17. Jahrhundert. Das Fachwerkhaus läßt viele interessante und liebenswerte Details er-

Versteckt hinter dem Eingang Georgstraße 20 – das „Büchnersche Hinterhaus" von 1596

:spannen – das ist ein Bummel durch Meiningens Fußgängerzone, die Georgstraße

Zentraler und geschäftiger Mittelpunkt der Stadt – der Marktplatz

Seit dem Mittelalter bestimmen Angebot und Nachfrage die Preise auf dem Wochenmarkt

kennen, die man erst einmal in aller Ruhe betrachten sollte.

Meiningens Marktplatz wird durch die **Stadtkirche** beherrscht, der ab Seite 20 ein eigenes Kapitel gewidmet ist.

Ihr gegenüber steht der **Heinrichsbrunnen**, 1873 von Herzog Georg II. gestiftet. Kaiser Heinrich II. soll 1003 der Legende nach an dieser Stelle die erste Kirche gestiftet haben.

Ein Rathaus gibt es heute nicht mehr auf diesem belebten Platz, wo noch wie früher mit Waren gehandelt wird. Es wurde 1945 Opfer des Bombenkriegs.

An einem Haus in der Anton-Ulrich-Straße gleich gegenüber der Kirche, kann man ein Schild erkennen, das an **Schillers** Ankunft in Meiningen erinnert.

Vom Markt aus begeben wir uns nun hinter die Kirche zum **Nonnenplan**, der momentan wiederaufgebaut wird. Der nach Süden folgende **Töpfemarkt** läßt in seiner Art erahnen, wie Meiningen einst als Stadt der Ackerbürger ausgesehen haben muß.

Das „**Zacksche Haus**" gleich an der Ecke wurde um 1600 fertiggestellt.

Dem Schwabenberg folgend, stoßen wir auf das **Hartungsche Haus**, in dem heute eine Künstlerbegegnungsstätte untergebracht ist. Vor diesem erstklassig restaurierten Fachwerkhaus von 1603 steht ein Laufbrunnen mit Brunnenkasten sowie Brunnensäule.

Am Haus gegenüber (Schwabenberg 10), das sich unauffällig hinter Bäumen im Garten versteckt, kann man an der Wand ein **Relief** entdecken. 1853 vom Meininger Bildhauer F. Müller begonnen, war es für die herzogliche Villa Charlotta am Comer See bestimmt, wurde aber nicht fertiggestellt. Aus diesem Grunde schmückt dieses Fragment, das

Ein Schild erinnert an Schillers Ankunft in Meiningen

Kleinstädtische Idylle am Töpfemarkt

die Romzüge Kaiser Friedrichs I. Barbarossa darstellt, das Haus am Schwabenberg, dessen Eigentümer es einst übernahm.

Versteckt hinter Bäumen – ein eigentlich für die herzogliche Villa am Comer See bestimmtes Relief

1603 fertiggestellt – das „Hartungsche Haus"

Wer jetzt eine Ruhepause braucht, dem sei ein Abstecher zu den **Bleichgräben** am Ostrand der Altstadt empfohlen. Tuche sind hier zwar nicht mehr ausgebreitet, aber frisches Grün dominiert.

Der Stadtrundgang jedoch führt uns weiter durch die Wintergasse zur **Anton-Ulrich-Straße**. Vorbild für das **Steinerne Haus** dort war das Baumeisterhaus in Rothenburg o. d. Tauber. Der mit Karyatiden geschmückte Bau wurde 1571 auf dem Sockel eines Fachwerkhauses aus dem 13. oder 14. Jahrhundert errichtet. Der Blick von hier durch die Anton-Ulrich-Straße zur Stadt zeigt die bürgerliche Idylle dieses Stadtteils.

Ein Zeugnis beeindruckender Fachwerkarchitektur ist auch das **Haus 49** in der Ernestinerstraße. Mit seiner hochaufragenden Fassade entstand es 1580.

Partie an den Bleichgräben – hier, am Rande der Innenstadt, dominiert Grün

Links abbiegend erreicht man durch die obere Kaplaneigasse am Neubau der Katholischen Kirche die Ernestinerstraße. Hier lohnt sich zunächst ein Blick in die rechts zum Markt abbiegende Schlundgasse. Dort beherrscht der 1874 nach dem Stadtbrand erneuerte, mit reichen Schnitzereien prächtig verzierte Erker des **Schlundhauses**, heute Hotel und Gasthaus, das Straßenbild.

Das Haus **„Zum Rautenkranz"**, Ernestinerstraße 40, stammt aus der Mitte des 17. Jahrhunderts. Der im 18. Jahrhundert entstandene Fachwerkbau rechts daneben beherbergt heute eine Bibliothek. Sicher wird jedem Betrachter auffallen, daß dieses Haus den in Meiningen sonst üblichen dekorativen Schmuck hennebergisch-fränkischen Fachwerkstils vermissen läßt.

Viel bestaunt und fotografiert wird die **Alte Posthalterei** nur einige Schritte weiter,die unschwer an Pferdekopf und Posthorn zu erkennen ist. In diesem um

Die Fassade des „Steinernen Hauses" (1571) und...

...sein Eingang mit Portalinschrift

„Haus zum Rautenkranz", Ernestinerstraße 40, und die daneb

Repräsentiert Bürgerstolz – Schlundhaus mit Erker

1600 fertiggestellten Fachwerkhaus befand sich von 1905–26 die Posthalterei. Das Schild an der Fassade macht auf die Familie von Pfaffenrath aufmerksam, die im 18. Jahrhundert hier wohnte. Bekannt wurde eine Hofdame aus der Familie, die durch Rangstreitigkeiten mit einer Gleichgestellten 1774 den „Wasunger Krieg" provozierte, ein lächerliches Waffengeplänkel mit dem benachbarten Herzogtum Gotha.

Am Ende dieses keineswegs vollständigen Rundganges muß gesagt werden, daß die Stadt noch viele andere Zeit-

Die „Alte Posthalterei" (um 1600) von 1905 bis 1926 diente sie Postdiensten, was…

befindliche Bibliothek

…dieser Pferdekopf mit Posthorn dokumentiert

Gedenktafel für die Familie von Pfaffenrath an der „Alten Posthalterei"

zeugen bietet. Manche von diesen Sehenswürdigkeiten erschließen sich erst beim zweiten Hinsehen

Vor fast 1000 Jahren begonnen – das sakrale Wahrzeichen der Stadt

Im 11. Jahrhundert begonnen, wurde die Stadtkirche, wie in einer Notiz aus dem Jahr 1278 in der Meininger Chronik des Sebastian Güth zu lesen ist, als „Kirche unserer lieben Frauen Maria" geweiht. Zu dieser Zeit war es noch ein turmloses frühromanisches Gotteshaus mit Langhaus, Querschiff und Apsis. Während der regen Bautätigkeit unter Bischof Bruno von Würzburg und seinen Nachfolgern erhielt die Kirche auch ihre Westfassade mit den beiden Türmen, die nur zwei Meter voneinander entfernt sind, und das kleine Radfenster über dem Haupteingang. Der untere Teil des Nordturms stammt noch aus dieser Zeit. Ebenfalls entstanden in dieser Epoche ist ein romanischer Türklopfer, der sich an der Innentür des Haupteingangs befindet. Durch Blitzschlag wurde die Kirche 1175 stark beschädigt. Der Wiederaufbau aber beanspruchte lange Zeit, so daß Bischof Berthold das Gotteshaus erst im Jahr 1278 weihen konnte.

„Kreuzpfennig" am nördlichen Strebepfeiler (außen)

Auch von außen zu sehen – Wappen von 1594

Stadt- und Marienkirche auf dem Markt

Blick in den Chor des 1884–89 im neogotischen Stil erneuerte

18 Jahre später vernichteten schon wieder Flammen die Kirche. Nur ihre Mauern blieben stehen.

Im 14. Jahrhundert dann wurde die Stadtkirche erweitert. Sie erhielt ein zusätzliches Schiff. Der Chorraum, neue Portale und Fenster zeigten jetzt gotische Formen. Vom Ende des 15. Jahrhunderts bis zum Umbau im Jahre 1884 veränderte sich das Erscheinungsbild der Kirche nur wenig.

Mit der Reformation, durch Graf Heinrich IV. eingeführt, wurde der Bau ein protestantisches Gotteshaus. Luthers Freund Dr. Johann Forster hielt 1544 den ersten evangelischen Gottesdienst. 1592–94 wurde der Nordturm wesentlich erhöht. Auch ein Treppenturm im Stil

Kruzifix aus der Schule von Veit Stoß (um 1500)

der Renaissance wurde angebaut. Trotz ständiger Erweiterungen, so auch im Bereich der Emporen, waren die Bürger der Stadt nicht mehr mit ihrem Gotteshaus zufrieden. 1884 dann wurden deshalb das Schiff und der Südturm abgerissen. Im Beisein Herzog Georgs II. erfolgte noch im gleichen Jahr die Grundsteinlegung für den neugotischen Umbau, bei dem die Kirche in ihrer heutigen Gestalt entstand.

Bevor man die Stadtkirche betritt, sollte man erst einmal außen zwei unauffällige Details entdecken. An der zum Markt gerichteten Seite befinden sich rechts am Turm ein **Stadtwappen** von 1594 und am nördlichen Strebepfeiler des Chors der sogenannte „**Kreuzpfennig**", ein quadra-

otteshauses

Alte Grabmäler schmücken die Wände der Kirche

tischer, in die Mauer eingelassener Stein mit dem Monogramm „Bruno episcopus", der an die Bautätigkeit unter Bischof Bruno von Würzburg (1033–45) erinnert.

Die **Glasfenster** im Chor entstanden in unserer Zeit (1961) und stammen von Gerhard Olbrich. Von den erhaltenen Kunstwerken vergangener Jahrhunderte sind vor allem zu nennen: Das **Kruzifix** über dem Altar, ein Werk aus der Schule von Veit Stoß (um 1500), wertvolle **Grabmäler** und **Epitaphe**, vorwiegend aus dem 16. und 18. Jahrhundert, sowie die die Nordwand beherrschende **Steinerne Madonna** (um 1430) eines fränkischen Meisters der Würzburger Schule.

Die Arbeit eines fränkischen Meisters – die „Steinerne Madonna" (um 1430)

Kultureller Mittelpunkt Südthüringens

Bronzebüste von Herzog Georg II.

Schloß Elisabethenburg und Park – Stätten fürstlicher Repräsentation

Noch bevor die Grundsteinlegung für das Residenzschloß des neugebildeten Herzogtums Sachsen-Meiningen im Jahre 1682 stattfand, existierte an gleicher Stelle seit dem 10. Jahrhundert ein fränkisches Königsgut und vermutlich ab 1008 eine Wasserburg der Bischöfe von Würzburg, die 1432 zerstört und 1509–11 wiederaufgebaut worden ist.

Residenzschloß Elisabethenburg wurde dann 1682–92 als schlichte dreigeschossige barocke Dreiflügelanlage mit weit vorgezogenem Mittelrisalit mit **Treppenturm** gebaut.

Der Nordflügel der Schloßanlage, der „**Bibrasbau**", ist noch ein Rest der oben erwähnten Burganlage, die Lorenz von Bibra wiederherstellen ließ. Heute beherbergt dieser damit älteste Teil des Schlosses das **Thüringische Staatsarchiv**, das **Kreis- und Stadtarchiv** sowie die **Max-Reger-Musikschule**.

Hinter Schloß Elisabethenburg befindet sich der **Schloßpark**, der bis ans Ufer der Werra heranreicht. **Plastiken** unter altem Baumbestand beleben seine ausgedehnten Rasenflächen. Wer hier aufmerksam spazieren geht, wird Bronzeplaketten mit dem Initial „J" entdecken, die auf den Johannes-Brahms-Wanderweg verweisen.

In schlichten barocken Formen 1692 fertiggestellt – Schloß Elisbethenburg (Detail links oben: Stadtwappen über dem Eingang zum Schloßhof)

Blick über die Werra und den Schloßpark zum Schloß

Im Schloßinnenhof mit seinen kunstvoll gestalteten Blumenrabatten und dem zentral angeordneten **Springbrunnen** kann der Besucher die Pracht der rund 40 Räume im Schloß nur erahnen. Seine schlichten Fassaden entsprechen ganz dem äußeren Habitus thüringischer Schlösser aus dem 17. Jahrhundert.

Die **Schloßkirche** „Zur Heiligen Dreifaltigkeit" mit den nördlichen Emporen und der Konzertorgel wurde im Südflügel untergebracht. Das ehemalige Gotteshaus dient heute als Konzertsaal „Johannes Brahms" kulturellen Veranstaltungen.

Der Raum über der Schloßkirche ist der **Riesensaal**, der auch der „Große Sächsische Saal" genannt wird. Seine schönen Stukkaturen erhielt er ab 1705. Das Turmzimmer über dem Treppenturm, der **„Hessensaal"**, entstand als Memorialstätte für die1680 verstorbene Herzogin Maria Hedwig von Hessen-Darmstadt. 1990 hat sich dort das gern besuchte **Turmcafé** etabliert, in dem man unter verspielten Barockstukkaturen pausieren kann. Der **Marmorsaal** besticht durch

Der „Bibrasbau" ist der älteste Teil der Schloßanlage

Im Schloßpark akzentuieren Plastiken die Landschaft

Ganz nach persönlichem Geschmack im Stil der Neorenaissance selbst entworfen – die Wohnräume von Georg II.

Das Initial „J" markiert den Johannes-Brahms-Wanderweg

seine Raumhöhe, die durch ein Tonnengewölbe, das bis in die Dachkonstruktion hineinreicht, ermöglicht wurde. Beim Bau wurden das „Blaue Zimmer" und das „Billardzimmer" einbezogen.

Die meisten Schloßräume wurden im Laufe der Jahrhunderte entsprechend dem Zeitgeschmack und natürlich der persönlichen Vorliebe der jeweiligen Regenten verändert. Dem Originalzustand nahe sind nur noch der Riesensaal, der Hessensaal sowie die Schloßkirche.

Besonders der Einfluß des Theaterherzog **Georgs II**. auf die Architektur und Funktion von Schloß Elisabethenburg ist deutlich erkennbar. Seine Vorliebe für die Stilelemente der Renaissance finden wir in den persönlichen Räumen dokumentiert. Alle **Wohnräume**, auch die seiner Gemahlin, Freifrau von Heldburg, lassen den Kunstverstand

des Herzogs erkennen. Voller Harmonie zeigen sie Liebe zum Detail. Ihre architektonische Grundkonzeption stammt vom Herzog selbst, der nicht nur als kunstsinniger Sammler, sondern auch als ideenreicher und eigenschöpferischer Gestalter galt.

Seit 1832 schon wird Schloß Elisabethenburg auch museal genutzt. Hier werden Bestände der Herzöglichen Sammlungen, die so alt sind, wie das Schloß selbst, und auch die Sammlungen des von Ludwig Bechstein gegründeten Hennebergischen Altertumsforschenden Vereins gezeigt. Über die **Staatlichen Museen Meiningen** berichten folgende Seiten. Die Sammlungen und zahlreichen Ausstellungen stehen im Ambiente der historischen Schloßräume, denen man bei einem Museumsrundgang ebenfalls seine Aufmerksamkeit widmen sollte.

Meiningens Theater- und Musikgeschichte eindrucksvoll dokumentiert

Interieur, Mobilar und Flügel aus Regers Jenaer Arbeitszimmer

Johannes Brahms – Büste von Reinhold Felderhoff

Nicht nur das Werk großer Musiker, die für die Stadt von Bedeutung waren, wird im **Musikmuseum** gewürdigt – auch viele ihrer persönlichen Gegenstände sind hier zu sehen. So fasziniert u.a. das Arbeitszimmer **Max Regers**, von dem ca. 3000 Briefe, sein gesamter Notennachlaß, darunter 50 Dirigier-Partituren, und ein Teil seiner Privatbibliothek hier gepflegt, aufbewahrt und publiziert werden.

Max Reger in einer Radierung von Carl Weinhold 1911

Ausstellungsraum „Pro und contra Max Reger"

Auch Themenkomplexe wie „**Hans von Bülow** und die Orchesterreform" und „**Johannes Brahms** und sein Umkreis in Meiningen" beherrschen zwei Räume.

Notenhandschriften österreichischer, italienischer und deutscher Komponisten wie auch Erstdrucke von Beethoven und Mozart stehen der wissenschaftlichen Nutzung zur Verfügung. In der Briefautographensammlung findet man die Namen von Bülow, Wagner, Brahms und Strauss. Freunde historischer Musikinstrumente aus dem 16.–20. Jahrhundert sind von diesem Museum ebenso begeistert wie jene, die sich für die Chorliteratur und das Meininger Chorwesen interessieren.

Im Riesensaal – Bühnenbild zu „Wallensteins Lager" von Friedrich Schiller, 1908 von den Gebrüdern Brückner aus Coburg gefertigt

Der größten internationalen Resonanz kann sich das **Theatermuseum** erfreuen, dessen Sammlungsbestand an Dekorationen konkurrenzlos ist. Besonders die Zeugnisse über die von **Herzog Georg II**. initiierte Reform der deutschen und europäischen Theaterszene sind zu erwähnen. Das Museum dokumentiert umfassend die Geschichte des Meininger Theaters von den Anfängen bis heute.

Die Sammlung von 275 Dekorationen, darunter auch zwei Originaldekorationen zu „Wallensteins Lager" von F. Schiller und „Der Kaufmann von Venedig" von W. Shakespeare, gelten im europäischen Raum als einmalig. Dazu kommen 420 originale Theaterkostüme aus der Zeit des Theaterherzogs, der viele davon selbst entwarf. Über 1500 Handzeichnungen, Bühnenbilder und Kostümentwürfe sind Zeugnisse seines Kunstverstandes. Die vollständige Sammlung von Theaterzetteln, Programmheften und Plakaten gibt Auskunft über das Repertoire des Theaters von 1831 bis heute. Auch alle Gastspiele sind dabei. Zum Fundus gehören auch etwa 25 000 Fotos aus der Geschichte des Meininger Theaters. Mehr als 5200 von Georg II., Freifrau von Heldburg, Ludwig Chronegk und vielen berühmten

Gastspielorte des Meininger Theaters

Originale Kostüme aus der Meininger Theatergeschichte beeindrucken ebenso wie…

…die vielen historischen Theaterdekorationen aus dem 19. und dem frühen 20. Jahrhundert

Ausstellungsraum mit Exponaten aus der Reisezeit der „Meininger"

Protagonisten des Theaters persönlich verfaßte Schriften dokumentieren ebenso authentisch wie die umfangreiche Rollenbuchsammlung mit ihren bibliophilen Kostbarkeiten und seltenen Handschriften die erfolgreiche Theatergeschichte. Wie das jeweilige Fachpublikum auf die Aufführungen des Meininger Theaters reagierte, kann man in der umfassenden Kritikensammlung nachlesen.

Ein Besuch des Meininger Theatermuseums hat schon so manchen erkennen lassen, daß wir im elektronischen Zeitalter auch manche kulturelle Verluste hinnehmen müssen.

Treffpunkt für die Freunde

Von der Kleinkunst des Altertums bis zur Malerei des 20. Jahrhunderts, sakrale Kunstwerke, Sachzeugen aus der Kulturgeschichte des Mittelalters oder Kunsthandwerk – erstklassige Werke, viele von namhaften Künstlern mit Weltruf geschaffen, werden in den ehemaligen Gemächern von Schloß Elisabethenburg gezeigt. Die **Kunst- und Kunsthandwerksammlungen** nehmen den größten Raum unter den Sammlungen ein.

Arbeiten aus der Werkstatt Tilman Riemenschneiders und von Hans Gottwald von Lohr sind die herausragenden Meisterwerke unter den thüringisch-fränkischen Skulpturen. Die italienische Malerei im 16., 17. und 18. Jahrhundert wird durch

Lesepult von 1767

Künstler wie Pellegrini, Guardi und da Cortona vertreten. Liebhaber der niederländischen und flämischen Malerei des 17.–18. Jahrhunderts kommen hier ganz bestimmt auf ihre Kosten. Die deutsche Malerei des 17. bis 19. Jahrhunderts wird u. a. durch Werke von Tischbein,

Das Mittelalter, vor allem mit sakralen Meisterwerken, beherrscht den ersten Raum der Kunst-/Kunsthandwerksammlungen

Der Gelbe Salon mit den Bildern „Des Herzogs Traum" (von Andr

einzigartiger Kunstwerke

Müller 1831–1901) und „Vermählung der Prinzessin Auguste von Sachsen-Meiningen mit Prinz Moritz von Sachsen-Altenburg in der Kapelle des hiesigen Schlosses (von Samuel Diez 1803–73)

Meisterwerke der holländischen und flämischen Malerei im „Braunen Zimmer", früher das Gesandtenzimmer. Bild rechts: „Aigina in Erwartung des Zeus" von Ferdinand Bol

Die deutsche Malerei des 18. Jahrhunderts im „Villa-Carlotta-Zimmer" mit einem Bild von Benjamin von Block

Gemälde italienischer Meister des 17. und 18. Jahrhunderts in Raum 4, dem ehemaligen „Grünen Schlafzimmer"

Cornelius, Lenbach, Bol und auch sachsen-meiningischen Hofmalern repräsentiert. Unter den Plastiken des 19. Jahrhunderts müssen Bildhauer wie v. Hildebrand und v. Zumbusch genannt werden. In der Abteilung Malerei und Plastik des 20. Jahrhunderts sind neben berühmten Werken von Rohlfs und Barlach auch Arbeiten von Künstlern und südthüringischen Kunstschaffenden aus der DDR zu entdecken. Die Grafiksammlung des Museums umfaßt viele tausend Handzeichnungen und Druckgrafiken, u.a. den umfangreichen Nachlaß des Hofmalers Carl Wagner (1796–1867). Blätter von Dürer, Rembrandt, Rubens, Callot sind ebenso vertreten wie Werke namhafter DDR-Grafiker.

Wer sich für das Kunsthandwerk, z.B. schöne Möbel interessiert, wird sich an seltenen Fayencen, feinstem Porzellan, erstklassig verarbeitetem Kupfer, Messing- und Zinngerät erfreuen. Numismatiker sollten wissen, daß das Museum eine Münz- und Medaillensammlung besitzt, die aus rund 3000 Objekten besteht und selbstverständlich auch Münzen enthält, die in Sachsen-Meiningen geprägt wurden.

Bei der Fülle der in Schloß Elisabethenburg gezeigten Kunstobjekte ist es verständlich, daß man sich, je nach individuellem Interesse, auf bestimmte Sachgebiete konzentrieren und auch reichlich Zeit mitbringen sollte.

Von berühmten Theater- und Musikinszenierungen

Zu sehen im Meininger Theater – Porträt Ludwig Chronegks, Schauspieler und engster Mitarbeiter des Theaterherzogs Georg II.

Das Hoftheater – auch W
Brahms, Strauss und Reger

Herzog Georg II. ist es zu verdanken, daß die Residenzstadt an der Werra zu einer Musik- und Theaterstadt wurde, die weit über ihre Grenzen hinaus einen hervorragenden Ruf genießt.

1831 eröffnete das Theater mit der Oper „Fra Diavolo" von Auber. Die Übernahme der Regierungsgeschäfte durch Gerorg II. 1866 brachte auch eine leidenschaftliche Einflußnahme des Herzogs auf das Theatergeschehen mit sich. Der kunstbegeisterte und -begabte Regent entwarf sogar eigenhändig Bühnenbilder und Kostüme. Zur Seite stand ihm seine Gemahlin, Freifrau von Heldburg. Das Ensemble, überall bekanntgeworden als die „Meininger", gastierte in ganz Europa. Zwischen 1874 und 1890 waren es 91 Gastspiele mit 41 Stücken. Auch Hans von Bülow verdient besondere Anerkennung. Er führte die Meininger Hofkapelle als Komponist und Dirigent zu internationalem Ruhm.

In klassischen Formen errichtet – der Portikus

Das Foyer des Südthüringischen Staatstheaters in Meiningen

1908 brannte das Theater ab. Nur 19 Monate dauerte der Wiederaufbau. Mit der Aufführung von „Wallensteins Lager" von Friedrich Schiller begann eine neue Epoche.

Auch heute noch zählt das Haus für Theater- und Musikfreunde zu den ersten Adressen in Deutschland. Internationale Opernstars, berühmte Orchester, prominente Schauspieler und namhafte Regisseure treffen sich in Meiningen, um eine erfolgreiche Tradition fortzusetzen.

-kungsstätte von

Einer der vielen von Herzog Georg II. selbst gezeichneten Kostümentwürfe

Herzogliches Hoftheater in Meiningen.

Eröffnungs-Vorstellung.

Ausser Abonnement.

Freitag, den 17. Dezember 1909:

Wallensteins Lager

von Friedrich Schiller.

Personen:

Wachtmeister } von einem Terzky'schen Carabinierregiment	Herr Franz Hoster.
Trompeter	" Theodor Auzinger.
Konstabler	" Fritz Delius.
Erster } Scharfschütz	" Fritz Rogge.
Zweiter	" Willy Hübig.
Erster } Holkischer reitender Jäger	" Max Schiefer.
Zweiter	" Oskar Hardel.
Erster } Buttlerischer Dragoner	" Heinrich Witte.
Zweiter	" Karl Rupprecht.
Erster } Arkebusier vom Regiment Tiefenbach	" Johannes Poetsch.
Zweiter	" Hermann Ostertag.
Kürassier von einem wallonischen Regiment	" Ernst Hart.
Kürassier von einem lombardischen Regiment	" Fritz Francke.
Kroate	" Dr. Rudolf Frank.
Ulan	" Heinrich Mann.
Rekrut	" Erich Claudius.
Bürger	" Hermann Roebbeling.
Bauer	" Ludwig Müller.
Bauernknabe	Frl. Helene Thimig.
Kapuziner	Herr Adolf Link.
Soldaten-Schulmeister	" August Leinhos.
Marketenderin	Frl. Rose Lichtenstein.
Eine Aufwärterin	" Ruth von Wedel.
Soldatenjunge	Kurt Stephan.

Soldaten. Kinder. Marketenderinnen.

Ort der Handlung: Vor der Stadt Pilsen in Böhmen.

Hierauf:

Die Piccolomini.

Schauspiel von Friedrich Schiller.

(I., II., III. und IV. ...)

Am 1. Mai 1994 aufgestellt – das Denkmal für Hans von Bülow

Marmorbüsten berühmter Protagonisten der Theater- und Musikszene im Meininger Theater, hier Otto Ludwig, Richard Wagner, Friedrich von Schiller und Johann Wolfgang von Goethe

Ein literarischer Ausflug ins Baumbachhaus

Als Rudolf Baumbachs Großeltern ein altes Fachwerkhaus in der Burggasse 22 kauften, ahnte noch keiner, daß dieses Gebäude einmal Literaturmuseum werden würde. Seit 1937 beherbergte es bereits das Heimatmuseum, das sich auch des literarischen Werkes der südthüringischen Heimatdichter annahm, und damit auch der Arbeiten von Rudolf Baumbach und Ludwig Bechstein.

Die Büste des Dichters vor dem Baumbachhaus, wo...

...sich heute das Literaturmuseum befindet

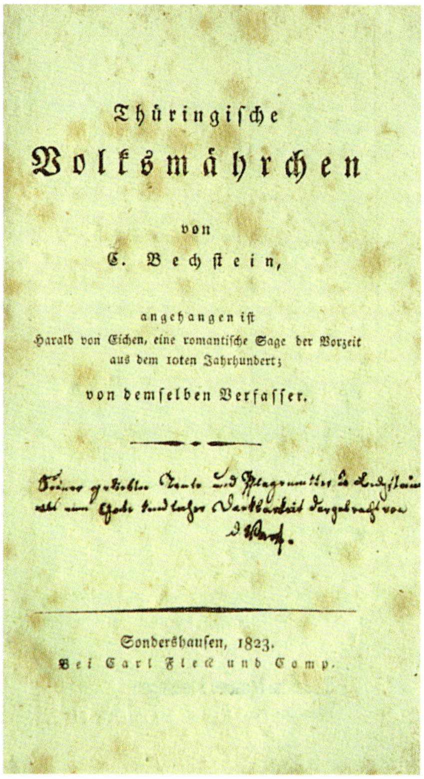

Thüringische
Volksmährchen
von
C. Bechstein,
angehangen ist
Harald von Eichen, eine romantische Sage der Vorzeit
aus dem 10ten Jahrhundert;
von demselben Verfasser.

Sondershausen, 1823.
Bei Carl Fleck und Comp.

Erste Publikation von Ludwig Bechstein mit einer handschriftlichen Widmung an seine Pflegemutter

Nach umfangreichen Restaurierungsarbeiten ab 1974 wurde das Baumbachhaus 1982 als Literaturmuseum wiedereröffnet. Ständige Ausstellungen machen Besucher vor allem mit dem Schaffen von Schriftstellern des 18.–20. Jahrhunderts bekannt, deren Biographie in besonderer Weise mit der Residenzstadt an der Werra und mit der Region verbunden sind.

Dem Namen des Museums gerecht werdend, wird hauptsächlich **Literatur**

Die umfangreiche Bibliothek Rudolf Baumbachs

Im Dichterzimmer kann man sich über weitere Schriftsteller informieren

gesammelt. Diese genießt in Meiningen neben der Theaterkunst, der Musik und der Bildenden Kunst einen hohen Stellenwert. Als engagierter Förderer muß diesbezüglich Herzog Georg I. genannt werden, der Meiningen zu einem literarischen Zentrum werden ließ.

Daß das Literaturmuseum auch Exponate bereithält, die den Zeitgeschmack des vergangenen Jahrhunderts vermitteln, z. B. **Möbel**, wird von den Besuchern als wohltuende Ergänzung begrüßt.

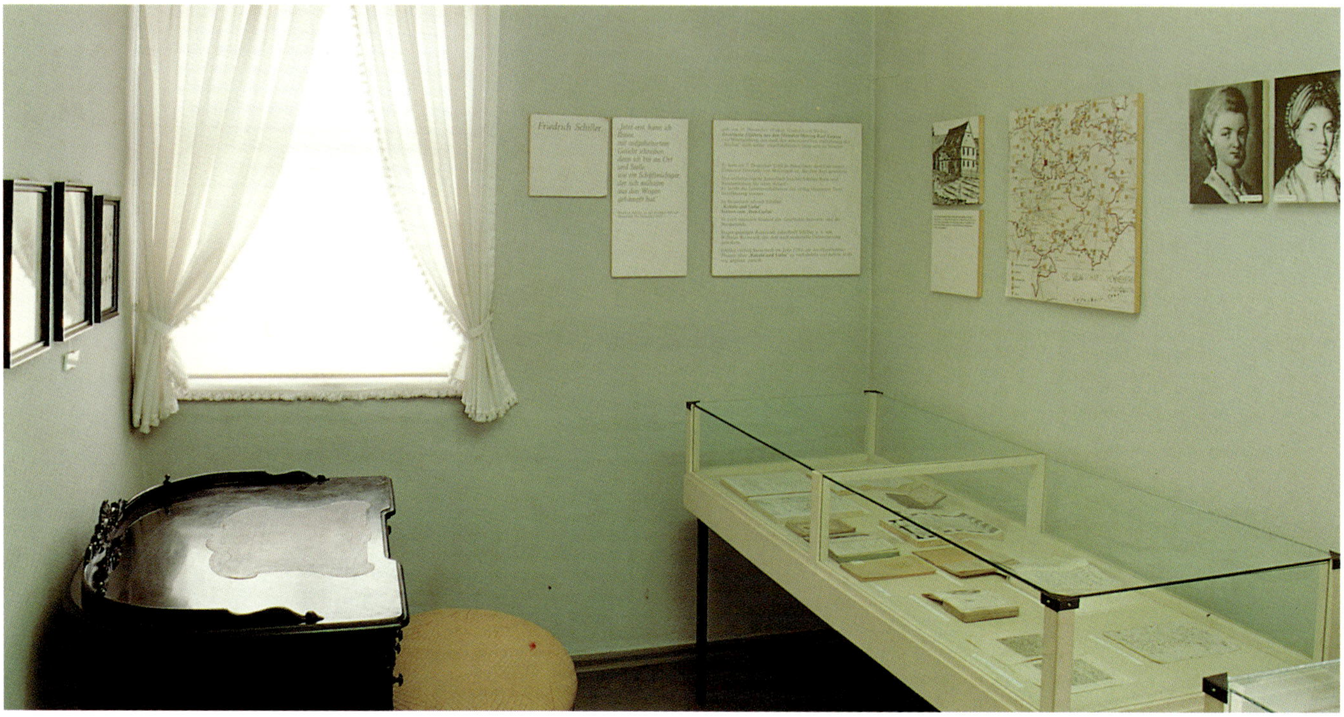

Die dem großen Klassiker Friedrich Schiller gewidmete Memorialstätte

Biographisches über Schriftsteller, die im Museum besonders gewürdigt werden.

Friedrich von Schiller (1759–1805)
Dem 1759 in Marbach geborenen Dichter wurde ein eigener Gedenkraum mit Zeugnissen aus seiner Bauerbacher Zeit gewidmet. Über Schillers Schaffensperiode in dem nahegelegenen Dorf wird ausführlich ab Seite 48 berichtet.

Ludwig Bechstein (1801–1860)
Die Kindheit des Dichters, der 1801 in Weimar das Licht der Welt erblickte, gestaltete sich ausgesprochen zerrissen. Den Vater hat er nie kennengelernt, die Mutter hatte für seine Erziehung keine Zeit. 1810 aber nahm ihn Matthäus Bechstein, entfernter Verwandter und Begründer einer Forstakademie, zu sich. Es folgten das Gymnasium, eine Apothekerlehre sowie eine Anstellung in der Meininger Hofapotheke.
1823 dann veröffentlichte Bechstein, der sich schon früh als Schriftsteller betätigte, seine „Thüringischen Volksmärchen" und später das Gedichtbändchen „Sonettenkränze". Der Herzog wurde auf ihn aufmerksam und unterstützte Ludwig Bechstein beim Studium in Leipzig und München. Anschließend wurde er Bibliothekar in Meiningen. Trotz anspruchsvollen Literaturinteresses blieb er seiner Märchen- und Sagenwelt treu. Das „Deutsche Märchenbuch" (1845) und das „Deutsche Sagenbuch" (1853) machten den Dichter berühmt. Auch widmete er sich leidenschaftlich heimatlichen Themen. Er gründete den Hennebergischen Altertumsforschenden Verein und wurde sein Vorsitzender.

Rudolf Baumbach (1840–1905)
Im Alter von zwei Jahren kam der 1840 in Kranichfeld geborene Rudolf Baumbach nach Meiningen. Sein Vater wurde dort herzoglicher Leibarzt. Nach dem Besuch des Gymnasiums ging der Abiturient nach Leipzig und Würzburg, wo er sich dem Studium der Naturwissenschaften widmete. 1864 promovierte er in Heidelberg. Der Wunsch Dr. phil. R. Baumbachs, an einer Hochschule lehren zu dürfen, erfüllte sich nicht. Er mußte sich um Arbeit bemühen, was ihn nach Wien, Brünn, Görz, Graz und Pisa führte. In Triest endlich fand er nach sechsjährigem Umherirren eine Anstellung als Hauslehrer. Die von ihm ausgearbeiteten Beiträge für den „Enzian" – das war die Zeitung des „Deutschen und Österreichischen Alpenvereins" – ließen sein Talent für die Schriftstellerei erkennen. Seine „Enzian-Gedichte" wurden bald schon unter dem Titel „Mein Frühjahr" verlegt. Der „Zlatorog", der auf einer slowenischen Alpensage basiert, brachte 1877 den entscheidenden Durchbruch. Weitere Veröffentlichungen, so auch „Lieder eines fahrenden Gesellen", „Spielmannslieder" und „Von der Landstraße", machten deutlich, daß seine Werke ideal zur Vertonung geeignet waren. So schufen zahlreiche Komponisten Melodien zu seinen Gedichten, u.a. Ferruccio Busoni und Max Reger. Sein bekanntestes Lied ist sicher „Hoch auf dem gelben Wagen", das Heinz Höhne vertonte. Ab 1885 lebte der nun berühmte Dichter wieder als freier Autor in Meiningen.

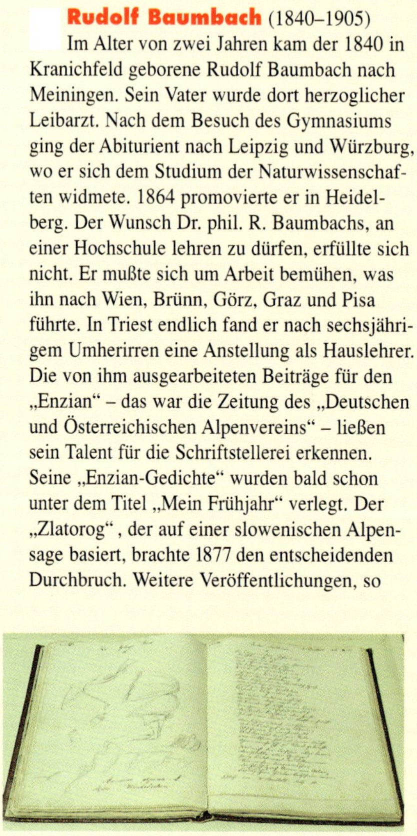

„Der Enzian", von Baumbach verfaßte Zeitung des Alpenvereins

Jean Paul (1763–1825)
1763 wurde in Wunsiedel Johann Paul Friedrich Richter geboren. So jedenfalls war sein bürgerlicher Name. Er studierte nach einer schweren Kindheit Theologie in Leipzig, mußte aber abbrechen, weil ihn seine Gläubiger verfolgten. Noch immer erfolglos, las, exzerpierte und schrieb er mit großem Fleiß. Ein erster Erfolg stellte sich 1795 ein – sein Roman „Hesperus oder 45 Hundsposttage" wurde bekannt. Der Versuch, in Weimar fußzufassen, schlug fehl – ihm wurde die erhoffte Akzeptanz verweigert. Enttäuscht ging er nach Berlin, wo er Friedrich Schlegel und Ludwig Tieck kennenlernte. Doch König Wilhelm III. verweigerte ihm die erhoffte Ehrenrente. Seine Rettung war Herzog Georg I., der Meiningen zu einem ähnlichen geistigen Zentrum wie Weimar machen wollte. Er holte Jean Paul 1801 in die Residenzstadt, wo dieser sein Romanwerk „Titan" beendete. 1803 aber schon verläßt der Dichter, der 1825 stirbt, die Stadt.

Der Wohnraum Rudolf Baumbachs mit seinem Porträt

Heiteres Exponat im Literaturmuseum: „Du Sohn uralten Stadtgeblütes – Bewahre das Recept und *hüt es*".
Gemeint sind in dieser Huldigung Rudolf Baumbachs die berühmten Thüringer Klöße, die in der hiesigen Region „Hütes" genannt werden

Natur schöpferisch gestaltet – der Englische Park

Gestalterischer Mittelpunkt der Anlage: der See im Englischen Park

Am Großen Palais und am Theater vorbei erreicht man nach einem kurzen Fußweg von der Stadt aus eine Oase der Ruhe und Besinnlichkeit. Gleich am Eingang ziehen die **künstlichen Ruinen** und der **Wasserfall** unsere Aufmerksamkeit auf sich. Beide Sehenswürdigkeiten stammen noch aus der Entstehungszeit des Parks, den der Herzog Georg I. seit 1782 anlegen ließ. Seine Intention war es, die Ideen der Aufklärungsphilosophie allen Gesellschaftskreisen nahezubringen. Leider haben manche Bauwerke von damals die Zeiten nicht überstanden, so u.a. auch die Einsiedelei, der Tempel und die Meierei.

Dennoch zeigt der Garten eine Vielzahl Zeitzeugen, die an Persönlichkeiten erinnern, die in Meiningens Geschichte ein besondere Rolle gespielt haben.

Die von Gustav Müller geschaffene Büste von **Max Reger** war bei ihrer Aufstellung 1937 die erste von diesem Komponisten in Deutschland überhaupt. An den Aufenthalt von **Johannes Brahms** in Meiningen erinnert das von A. v. Hildebrand gestaltete Denkmal (1899). Auch diesem Werk wird das gleiche nachgesagt. Der Schriftsteller **Jean Paul** wird auf einem Hügel im Park geehrt – eine von L. v. Schwanthaler geschaffene Büste erinnert an sein Meininger Intermezzo von 1801–03 in Meiningen. Opfer schändlicher Denkmalzerstörung wurde leider der **Ludwig Bechstein** gewidmete schöne Brunnen (1909). Seine Bronzefigur (Nixe mit Gnom) wurde 1990 geraubt.

Wer sich in diesem Garten erholt und auf gepflegten Wegen zwischen Wiesen, liebevoll angelegten Beeten, Gehölzgruppen, altem Baumbestand und Hügeln spazieren geht, sollte auch der Arbeit jener gedenken, die sich um die Gestaltung des Parks bemühten. Namentlich erinnert der **Buttmann-Stein** an drei Generationen von Landschaftsgestaltern.

Die im neugotischen Stil konzipierte **Herzogliche Gruftkapelle** entstand von 1839 bis 1842 und ist ein Werk von Architekt A. W. Doebner. Früher befand sich hier die älteste Kirche Meiningens. Die Reste barocker und klassizistischer **Grabsteine** ganz in ihrer Nähe bezeugen, daß sich um sie herum auch einmal ein Friedhof befand.

Künstliche Ruinen und Wasserfall am Parkeingang

Malerisch unter Bäumen – Jean-Paul-Denkmal (1865)

Das erste Johannes-Brahms-Denkmal (1899) in Deutschland

Büste von Max Reger (1937)

Die Herzogliche Gruft im neugotischen Stil, 1842 fertiggestellt

In jeder Beziehung klassisch – die Meininger Umgebung

Bick über Rohr mit seiner Wehrkirchenanlage aus aus dem 10. Jahrhundert

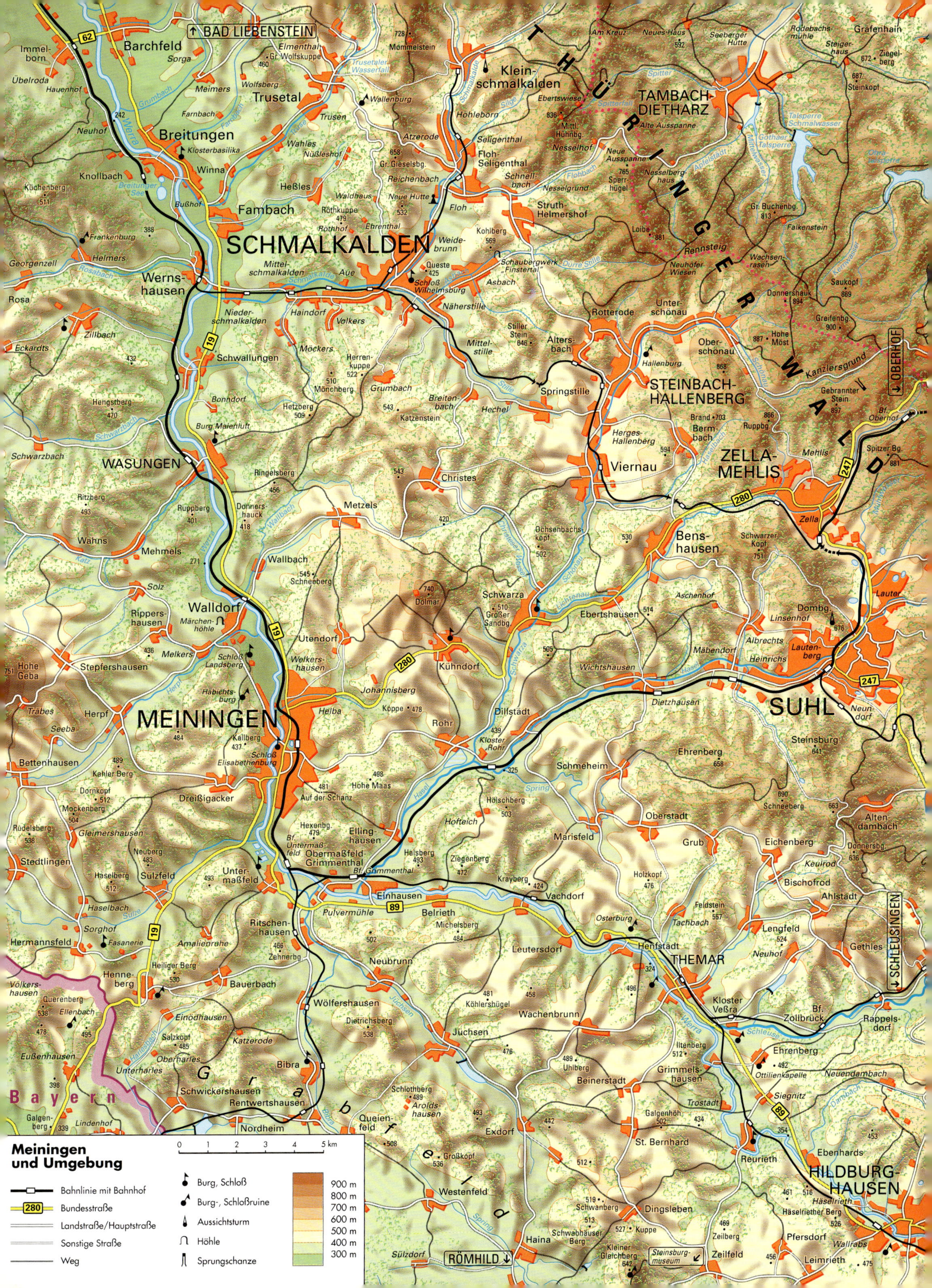

Meiningen und Umgebung
Bahnlinie mit Bahnhof
280 Bundesstraße
Landstraße/Hauptstraße
Sonstige Straße
Weg
Burg, Schloß
Burg-, Schloßruine
Aussichtsturm
Höhle
Sprungschanze
900 m
800 m
700 m
600 m
500 m
400 m
300 m
0 1 2 3 4 5 km
↑ BAD LIEBENSTEIN
THÜRINGER WALD
↓ OBERHOF
↓ SCHLEUSINGEN
RÖMHILD ↓
Bayern
Grabfeld
MEININGEN
SCHMALKALDEN
SUHL
ZELLA-MEHLIS
STEINBACH-HALLENBERG
TAMBACH-DIETHARZ
THEMAR
HILDBURG-HAUSEN
WASUNGEN
Barchfeld
Immelborn
Übelroda
Trusetal
Breitungen
Klosterbasilika
Winna
Fambach
Heßles
Kleinschmalkalden
Floh-Seligenthal
Struth-Helmershof
Wernshausen
Schwallungen
Niederschmalkalden
Haindorf
Volkers
Näherstille
Mittelstille
Altersbach
Rotterode
Unterschönau
Oberschönau
Springstille
Viernau
Christes
Metzels
Wallbach
Walldorf
Märchenhöhle
Rippershausen
Melkers
Stepfershausen
Hohe Geba
Herpf
Bettenhausen
Utendorf
Welkershausen
Kühndorf
Schwarza
Dolmar
Benshausen
Ebertshausen
Dietzhausen
Dillstädt
Rohr
Kloster Rohr
Schmeheim
Oberstadt
Grub
Eichenberg
Bischofrod
Ahlstädt
Lengfeld
Gethles
Kloster Veßra
Zollbrück
Rappelsdorf
Ehrenberg
Siegnitz
Reurieth
Ebenhards
Pfersdorf
Leimrieth
Zeilfeld
Dingsleben
Westenfeld
Haina
Sülzdorf
Steinsburgmuseum
Kleiner Gleichberg
St. Bernhard
Exdorf
Queienfeld
Nordheim
Bibra
Rentwertshausen
Schwickershausen
Jüchsen
Wölfershausen
Neubrunn
Ritschenhausen
Einhausen
Belrieth
Vachdorf
Leutersdorf
Hermannsfeld
Henneberg
Sülzfeld
Stedtlingen
Untermaßfeld
Obermaßfeld-Grimmenthal
Ellingshausen
Dreißigacker
Helba
Johannisberg
Schwarzbach
Mehmels
Wahns
Zillbach
Rosa
Georgenzell
Helmers
Frankenburg
Knollbach
Bonndorf
Mittelschmalkalden
Aue
Schloß Wilhelmsburg
Mehlis
Lauter
Dombg.
Lautenberg
Albrechts
Heinrichs
Mäbendorf
Wichtshausen
Neundorf
Steinsburg
Altendambach
Marisfeld
Hofteich
Ottilienkapelle
Neuendambach
Häselrieth
Grimmelshausen
Beinerstadt
Wachenbrunn
Pulvermühle
Werra
Hasel
Schleuse
Spring
19
89
247
280
62

Zwischen Vorderrhön und Grabfeld – Bindeglied nach Unterfranken

Über den Meininger Ortsteil Dreißigacker und Herpf fährt man nach **Stepfershausen**, wo hoch über dem Dorf die **Barockkirche** mit ihrem stark befestigten Friedhof das Straßenbild mit schönen Fachwerkhäusern beherrscht. Am Ortseingang biegen wir ab nach **Geba**. Naturfreunde lassen ihren Wagen auf einem der vielen Parkplätze rechter Hand stehen und besteigen den gleichnamigen landschaftlich reizvoll gelegenen 751 Meter hohen Berg. Die Aussicht hier ist lohnenswert – die Kuppen der Rhön und der Thüringer Wald sind deutlich zu erkennen.

Nächstes Ziel ist **Henneberg**, das man durch die Ortschaften Bettenhausen und Gleimershausen auf wenig befahrener Straße erreicht. Dem Ort ist längst nicht mehr anzusehen, daß er im Mittelalter zeitweise als ein wichtiges politisches Zentrum der Region galt. Hier war der Stammsitz der Grafen von Henneberg. Sehen kann man noch die Reste der ehemaligen **Burganlage**, die im ersten Viertel des 11. Jahrhunderts entstanden ist.

Der dritten Station unserer Tour ist ein eigenes Kapitel ab Seite 50 gewidmet. Es ist das durch den kurzen Aufenthalt von **Friedrich Schiller** bekannt gewordene **Bauerbach** mit seiner dem Dramatiker gewidmeten **Gedenkstätte**.

Blick von der Hohen Geba in Richtung Werratal

Burgruine Henneberg – einst Machtzentrum der Region

Dorfkirche in Bibra mit Arbeiten aus der Riemenschneider-Werkstatt

Traditionelle und moderne Keramikarbeiten in Schloß Glücksburg

Modell und Original – Kleiner Gleichberg mit keltischer Steinsburg

In **Bibra**, das man am besten über Wölfershausen ansteuern sollte, steht eines der schönsten Gotteshäuser der Region. Es ist die **St. Leo-Kirche**, um die sich die hübschen, teils im Fachwerkstil errichteten Häuser des Ortes malerisch gruppieren. In der Kirche sind neben spätgotischen **Wandmalereien** vor allem drei **Altäre** sehenswert, die sämtlich aus der Riemenschneider-Werkstatt stammen. Von einem meint man, daß der Meister selbst Hand angelegt haben soll. Auch das ehemalige, 1558 fertiggestellte **Renaissanceschloß** und die **Burgruine** (1525 zerstört) sollten beachtet werden.

Letzte Stationen sind **Römhild** und die benachbarten **Gleichberge**. Mitten im Ort, dessen Altstadt durch Fassaden im fränkischen Fachwerk auffallen, steht **Schloß Glücksburg** mit dem Museum der Stadt Römhild. Dort wird eindrucksvoll das bodenständige Töpfereigewerbe dokumentiert. Die **Sammlung** des Heimatforschers Dr. W. Hönn (1906–80) mit Relikten bäuerlichen Handwerks veranschaulicht die Traditionen der Region.

Gewandspangen frühkeltischer Zeit (um 450 v. Z.) aus dem Steinsburgmuseum

Für Liebhaber der Frühgeschichte ist das **Steinsburg-Museum** zwischen den Gleichbergen krönender Abschluß. Vor allem die Geschichte der Kelten kann hier, wo auf der gegenüberliegenden Steinsburg große Mengen Waffen, Hausrat und Schmuck gefunden wurden, gründlich studiert werden.

Großer und Kleiner Gleichberg – im Sattel zwischen beiden befindet sich das Steinsburgmuseum, das nach einer keltischen Burganlage auf dem Kleinen Gleichberg benannt wurde

Die Flucht nach Bauerbach – auf den Spuren Friedrich von Schillers

Um in Freiheit endlich seine eigenen Ideen umsetzen zu können, floh Friedrich Schiller in der Nacht vom 22. zum 23. Dezember 1782 aus Württemberg. Acht Jahre Unterdrückung auf der Militärakademie Herzog Karl Eugens von Württemberg waren genug. So nahm der noch junge Schiller das Angebot von Frau Henriette von Wolzogen – der Mutter seines Schulfreundes Wilhelm von Wolzogen – an, die ihm Asyl auf ihrem Gut in Bauerbach gewähren wollte. Nach einer siebentägigen abenteuerlichen Odyssee erreichte er über Frankfurt und Gelnhausen das ärmliche kleine Dorf. Alles was er bei sich trug, war das Manuskript des gerade vollendeten „Fiesko". Die „Räuber" wurden kurz vorher in Mannheim aufgeführt, was seinen despotischen Dienstherren veranlaßte, Schiller vierzehn Tage Arrest aufzubrummen. Auch befahl er dem jungen Dichter, damals noch Regimentsmedikus,

In diesem Haus, heute Schiller-Memorialstätte, verbrachte der Dichter seine Bauerbacher Zeit

In diesem großen Wohnzimmer lebte die Familie von Wolzoge

Das Arbeitszimmer Friedrich Schillers mit persönlichen Requisiten des Dichters

„bei Strafe der Kassation keine Komödien mehr zu schreiben".

In Meiningen traf der Dichter am 7. Dezember ein und meldete sich auf Empfehlung von Frau von Wolzogen im Gasthof „Zum Hirsch" beim Bibliothekar Reinwald, der bald schon sein väterlicher Freund wurde. Noch am gleichen Nachmittag erreichten beide mit dem Schlitten Bauerbach, wo der Gutsverwalter den jungen Dichter zu den beiden Stuben im ersten Stockwerk des Gutshauses brachte, die er dann ein knappes Jahr bewohnte. Die Mahlzeiten nahm er auf Kosten der ihm wohlwollenden Gutsherrin im Gasthaus zu sich, obwohl diese nicht zu den Reichen im Lande zählte.

In Bauerbach entstanden dann die erste Fassung der „Luise Millerin", später umbenannt in „Kabale und Liebe," sowie Anfänge des „Don Carlos".

wenn sie sich in Bauerbach aufhielt

Karg eingerichtet – das Schlafzimmer Friedrich Schillers

Am 24. Juli 1783 verläßt Friedrich Schiller Bauerbach, um in Mannheim eine Stellung als Theaterdichter anzutreten.

Heute ist das kleine Gutshaus der Familie von Wolzogen eine vielbesuchte **Schillergedenkstätte**.

Wir erreichen sie über die B19, die nach Bad Neustadt führt. In Henneberg, Stammsitz des gleichnamigen Grafengeschlechts, das diese Region im ausgehenden Mittelalter beherrschte, geht es links ab nach Bauerbach.

Neben **Arbeiten** des Dichters werden auch **persönliche Gegenstände** sowie **Möbel** und **Bilder** ausgestellt, die die Zeit Schillers repräsentieren. Zu den meist bestaunten Exponaten zählen **Erstausgaben** folgender Dramen: „Die Verschwörung des Fiesco zu Genua" von 1783, „Don Carlos" von 1787 sowie „Kabale und Liebe" von 1784. Auch eine Probe aus Schillers **Niederschrift** von „Kabale und Liebe" ist zu sehen. Von Chodowiecki und Catel geschaffene **Illustrationen** zu diesen Dramen schmücken ebenso die Wände wie die **Bildnisse** von Menschen aus dem persönlichen Umfeld Schillers, so auch von Charlotte von Wolzogen, der Tochter seiner mütterlichen Freundin, für die er während seiner Tage in Bauerbach tiefste Zuneigung empfand.

Ein Wandbild erinnert an die Ankunft des flüchtigen Schiller in Bauerbach

Zwei weitere Häuser sollten hier ebenfalls beachtet werden. Es sind ein kleines Wohnhaus mit einen Schriftzug unter dem Dach, der an Schillers Ankunft erinnert, sowie der rechts abgebildete Gasthof, in dem der Dichter die Mahlzeiten zu sich nahm.

In diesem Gasthof nahm der Dichter seine Mahlzeiten zu sich

Ein abwechslungsreicher Tag im Thüringer Wald

Der nahegelegene Thüringer Wald ist und bleibt das klassische Ausflugsgebiet für Meiningen. Schon nach wenigen Minuten befindet man sich in dicht bewaldeten Bergen, die sich beiderseits der B 280 erstrecken. Unser Weg führt zuerst in Richtung Nordosten nach **Kühndorf**. Die **Johanniterburg**, die hier im 13. Jahrhundert errichtet wurde, ist eine um einen relativ engen Innenhof konzipierte Dreiflügelanlage. Beachtenswert sind der runde und der achteckige Wehrturm, das Torhaus, die Brücke sowie Teile des ehemaligen Zwingers.

Hoch über Kühndorf – die Johanniterburg (13. Jahrhundert)

Fernsicht zum Thüringer Wald

Ein Aufstieg auf den Dolmar wird mit überwältigenden Ausblick

Wer nicht schon von Meiningen aus wandern will, der sollte von Kühndorf aus den Aufstieg auf den zweiten der beiden Meininger Hausberge, die Basaltkuppe des 740 Metern hohen **Dolmar** nehmen. Belohnt wird er durch eine einmalig schöne Aussicht von diesem „Rigi Südthüringens" über das Werratal bis zur Rhön und zum Kamm des Thüringer Waldes.

Wenn man etwas Glück und Geduld hat, kann man über diesem traditionellen Segelfluggebiet, das für lange Jahre gesperrt war, heute wieder Gleitflieger beobachten.

Nur wenige Kilometer weiter liegt an der gleichen Straße **Schwarza**, eine der ältesten Siedlungen im Thüringer Wald. Seine kulturhistorischen Denkmale allerdings befinden sich in keinem guten Zustand. So wäre die **Wasserburg** zu erwähnen. Gebaut wurde sie im 11. Jahrhundert zum Schutz der hier vorbeiführenden Handelsstraße. Die **Dorfkirche** ist ein einschiffiger Barockbau, der 1789 geweiht wurde.

Nächstes Ziel ist **Zella-Mehlis**. Diese Stadt entstand nach der Novemberrevolution von 1918 aus den bis dahin selbständigen Orten Zella St. Blasii und dem älteren Mehlis. Eindrucksvoll ist die landschaftlich schöne Lage der Stadt – sie wird rundherum von steil abfallenden Bergen gerahmt. Von den umgebenden Gipfeln kann man einzigartige Ausblicke auf den Ort im Tal genießen und auch

wie hier auf Kühndorf, belohnt

Im Rennsteiggarten: hier kann man die Blumen der Berge kennenlernen, z.B. die Gemeine Kuhschelle, oder...

Pflanzen europäischer Felsfluren, wie hier an der Felsenschauanlage, oder...,

wenn man Glück hat, die Tierwelt beobachten

Blick über die Schauanlage im Rennsteiggarten

zwei im Stil des Barock gebaute Gotteshäuser erkennen.

Die **Magdalenenkirche** (Stadtteil Mehlis) entstand 1734 als Saalbau. Der Westturm enthält noch Teile eines Untergeschosses aus dem 13. Jahrhundert. Dort sind in einem gotischen Raum noch Renaissancefresken zu sehen. Ebenfalls ein Barockbau ist die **Pfarrkirche** im Stadtteil Zella, die von einer schönen Doppellaterne bekrönt wird. Auch hier stammen noch Bauteile aus dem 13. Jahrhundert. Der Innenraum besticht durch seine Doppelemporen und die hölzerne Kuppel. Die barocken Kanzelaltäre beider Kirchen stammen aus dem 18. Jahrhundert.

In Zella-Mehlis verlassen wir nun die B 280 und fahren auf der B247 nach **Oberhof**. Die Fahrt führt durch dichte Wälder und läßt deutlich den Charakter des Thüringer Waldes erkennen. Kein Wunder, wenn diese Region das „Grüne Herz Deutschlands" genannt wird. Hier kann man wandern, ohne einem Menschen zu begegnen, hier kann man noch mit der Natur eins sein. Kurz nach der Überquerung des **Rennsteigs** ist **Oberhof** erreicht. Die Stadt selbst bietet nur wenige kulturelle Anziehungspunkte. Sie ist hauptsächlich Urlaubsort und mit ihren teilweise auch im Sommer nutzbaren hochkarätigen Wintersportanlagen Treffpunkt für Sportler aus aller Welt.

Die im Hochhausstil errichteten Hotelanlagen könnten überall stehen. Einzigartig aber ist der gar nicht weit entfernte **Rennsteiggarten**. Man erreicht ihn vorbei am **Obelisken**, der auf dem Rondell an der Kreuzung von Bundesstraße und Rennsteig steht.

Suhl – Waffenmuseum im ehemaligen Malzhaus (1650)

Suhl-Heinrichs – Rathaus von 1657

Die mehr als sieben Hektar große Anlage am 868 Meter hohen Pfanntalskopf wurde ab 1970 als botanischer Garten für Gebirgsflora angelegt. Hier herrschen außergewöhnliche Witterungsbedingungen – allein bis zu 150 Tage im Jahr bedeckt eine dichte Schneedecke die Bodenpflanzen. Enzian, Berg-Hauswurz, Alpen-Glockenblume, Alpenedelweiß und viele andere seltene Pflanzen gedeihen im Rennsteiggarten. Über 4000 Arten aus den Gebirgen aller Erdteile kann hier der Naturfreund kennenlernen.

In südliche Richtung geht es nun nach Suhl. Der 982 Meter hohe **Große Beerberg** mit seinem kaum merklichen Gipfel bleibt links liegen. Es ist der höchste Berg des Thüringer Waldes.

Bekannt wurde **Suhl** als Stadt der Waffenschmiede durch seine Gewehrmanufakturen. Schon 1595 wurden hier 27600 Waffen hergestellt. Weltruhm erlangte die Stadt aber besonders durch die kunstvoll gestalteten Prunkwaffen des 18. Jahrhunderts. Wissenswertes erfährt man im **Heimat- und Waffenmuseum** im **Alten Malzhaus**. Auch ein Brunnen erinnert an diese Tradition.

Die **Marienkirche** entstand 1753–69 als Barockbau mit einem schönen Rokokoaltar und sehenswertem Orgelprospekt. Die zwischen 1731 und 1739 errichtete **Kreuzkirche** ist ein barocker Saalbau. Mit dreigeschossigen Emporen konzipiert, wird er von einer hübschen Haube gekrönt. Kanzelaltar und Orgelprospekt stammen aus der Entstehungszeit.

Als eines der schönsten Fachwerkhäuser der Region gilt das 1657 vollendete **Rathaus** in **Suhl-Heinrichs**.

Die Heimreise steht bevor. Doch vorher sollte man noch in **Rohr** anhalten. 984 wurde hier Kaiser Otto II., noch als kleines Kind geraubt, seiner Mutter zurückgegeben. Eine sogenannte **Stele** in der Toranlage der alten **Wehrkirche** erinnert an dieses Ereignis. Die Kirche selbst, die auf einer vorchristlichen Kultstätte im 9. Jahrhundert als Kirchenburg entstand, besitzt noch eine Hallenkrypta aus dem 10. Jahrhundert. Die Ausstattung ist aus dem 17. und 18. Jahrhundert.

Blick auf den von dichten Wäldern umgebenen Ferienort Zella-Mehlis

Durch die Kulturlandschaft an der mittleren Werra

Einen flußaufwärts führenden Ausflug entlang der Werra sollte man in **Breitungen** beginnen. Dort markiert am rechten Ufer das ehemalige **Benediktinerkloster Herrenbreitungen** den Horizont. Es wurde 1049 erstmalig genannt. 1112 ist die dreischiffige romanische Basilika geweiht worden. In der Mitte des 16. Jahrhunderts allerdings wurde dann die Klausur zum Schloß umgebaut. Der Brand von 1640 vernichtete aber die Anlage, die 1662 und 1842 teilweise wiederhergestellt wurde.

Neben anderen **Gotteshäusern** aus der Zeit der Renaissance und des Barock in Breitungen, teils mit wertvoller Innenausstattung, sollte die **Brückenkapelle** als architektonische Besonderheit nicht unerwähnt bleiben. 1733 wurde sie als zweigeschossiger Fachwerkbau auf einem älteren Unterbau aus Sandstein errichtet.

Flußaufwärts geht es anschließend nach **Wasungen**. Schon kurz nach dem Ortsschild fällt auf, daß wir uns in einer für diese Region typischen Fachwerkstadt befinden. Schöne, nicht selten phantasievoll gestaltete Fassaden aus unterschiedlichen Jahrhunderten prägen das Stadtbild und machen Wasungen zur Idylle. Auf der rechten Straßenseite, kurz vor dem **Rathaus** (1522), steht in einem Garten das **Marschalksche Damenstift**, 1596 als Renaissancebau mit Treppenturm fertiggestellt.
Auf dem Weg zur **Burgruine Maienluft** hoch über der Stadt fällt der sehr gepflegte **Maienhof** auf. Es ist ein ehemaliger Adelshof, der 1576 im Stil der Renaissance fertiggestellt wurde. Auf gleicher Höhe befindet sich die **Stadtkirche**,

Entspannen an den Breitunger Seen

Das ehemalige „Marschalksche Damenstift" in Wasungen

Malerischer Aufgang zur Stadtkirche in Wasungen

Am Ufer der Werra – gegenüber die Kirche des Benediktinerklosters Herrenbreitungen

Walldorf – Wehrkirchenanlage aus dem 15. Jahrhundert

Schloß Landsberg wurde im neogotischen Stil erneuert

ein einschiffiger Renaissancebau (1584–96) mit hölzernem Tonnengewölbe und doppelten Emporen. Wer Dachlandschaften liebt, sollte auf dem schmalen Weg vor der Kirche verweilen und auf die dicht aneinandergereihten Häuser der Stadt herabblicken.

Nächste Station unserer Tour werratalaufwärts ist **Walldorf**, das an der linken Flußseite liegt. Hier fasziniert eine uralte **Wehrkirchenanlage**, die vermutlich aus dem 15. Jahrhundert stammt und aus einer ehemaligen, im 12. Jahrhundert errichteten Burg hervorgegangen ist. Die Ecktürme dieser quadratischen Anlage existieren noch. Und der Kirchturm der Kirche, die zwischen diesen alten Mauern steht, ist aus dem ehemaligen Bergfried der Burg entstanden.

Als Erlebnis ganz besonderer Art gestaltet sich der Besuch der **Sandsteinhöhle** in Walldorf. In vergangenen Zeiten, als hier noch Streu- und Scheuersand gewonnen wurde, entstand diese weitläufige Höhle. Sie läßt auch heute noch erahnen, unter welchen Bedingungen Menschen damals unter der Erde ihr kärgliches Brot verdienen mußten.

Weitergehen sollte die Fahrt nun nicht auf der Bundesstraße, sondern vom südwestlichen Ortsausgang auf der Landstraße nach Meiningen. Gleich nach dem letzten Haus Walldorfs ist linker Hand **Schloß Landsberg** auszumachen. Dort befindet sich heute ein Hotel mit Parkplatz. Alle, die diese neugotische Anlage besichtigen, werden sicher auch den Turm besteigen und von hoch oben aufs Werratal und die Stadt Meiningen schauen. Von der 1525 im Bauernkrieg zerstörten Burg Landswehr, die hier einst stand, kann heute noch der eingefallene Rest eines Wehrturms bewundert werden.

In Themar kann man die noch sehr gut erhaltene Stadtbefestigu

Der eingefallene Wehrturm auf Schloß Landsberg

Durch Meiningen und Untermaßfeld geht es auf der B 89 nach **Themar**. Die alte Stadtmauer dort mit ihren Türmen ist malerisches Dokument mittelalterlicher Zeiten. Liebhaber sakraler Kunst jedoch werden sich mehr für die **Stadtkirche St. Bartholomäus** interessieren. Sie ist ein spätgotischer Saalbau mit erstklassigen Ausstattungsstücken. Das 1488 entstandene Gotteshaus der Stadt wurde im 16. und 17. Jahrhundert verändert. In

sichtigen

Marktplatz und Rathaus in Themar

Stadtkirche St. Bartholomäus (1488 begonnen) in Themar

der Nachkriegszeit wurden hier bei Restaurierungsarbeiten spätmittelalterliche Ausmalungen freigelegt. Beachtenswert ist auch der Flügelaltar, um 1500 fertiggestellt, den der Bamberger Bildhauer Hans Nußbaum geschaffen haben soll. Drei weitere Flügelaltäre stammen ebenfalls aus der Zeit um 1500.

Zu den Sehenswürdigkeiten Themars zählen auch das **Rathaus**, dessen Baugeschichte 1608 beginnt, und schöne Bürgerhäuser, die vielfach in Fachwerkbauweise errichtet wurden.

Auf der letzten Etappe der Werratour biegen wir kurz hinter Themar nach links

Wiederaufgebaute Häuser aus dem ländlichen Raum kann man im Hennebergischen Museums ebenso sehen wie…

…original eingerichtete Handwerksbetriebe von einst

in Richtung Schleusingen ab. In einem aus nur wenigen Häusern bestehenden Ort, in **Veßra**, warten gleich zwei kulturhistorische Kostbarkeiten innerhalb des Hennebergischen Museums.

Die eine ist die **Kirchenruine** des ehemaligen Prämonstratenser Chorherrenstifts, das 1131 gegründet wurde. Es war das Hauskloster der Henneberger Grafen. Bis zur Reformation galt es als bedeutende monastische Institution mit großer politischer und kultureller Ausstrahlung, auch überregional. Der zweitürmige Bau und weitere Reste sakraler Gebäude und Anlagen werden momentan unter der Leitung erfahrener Denkmalpfleger restauriert und gesichert.

Die andere Kostbarkeit ist das die Kirche umgebene **Freilichtmuseum**, das seine Besucher mit der bäuerlichen Kultur von damals bekannt macht. Vor allem das traditionelle Handwerk im ländlichen Raum wird dokumentiert. So kann man eine Schmiede, zwei Backhäuser, eine durch Wasserkraft betriebene Getreidemühle, ein Brauhaus, ein Spritzenhaus sowie eine kleine Kapelle von außen und innen bewundern. Alle wurden getreu dem Original hier wieder aufgestellt. Sogar der Heil- und Gewürzkräuteranbau in spätmittelalterlicher Zeit wird praktisch demonstriert.

Die 1138 geweihte romanische Klosterkirche St. Marien in Veßra

Parzellenanlage historischer Kulturpflanzen

Die Getreidemühle wird mit Wasserkraft betrieben

Von A bis Z – Register

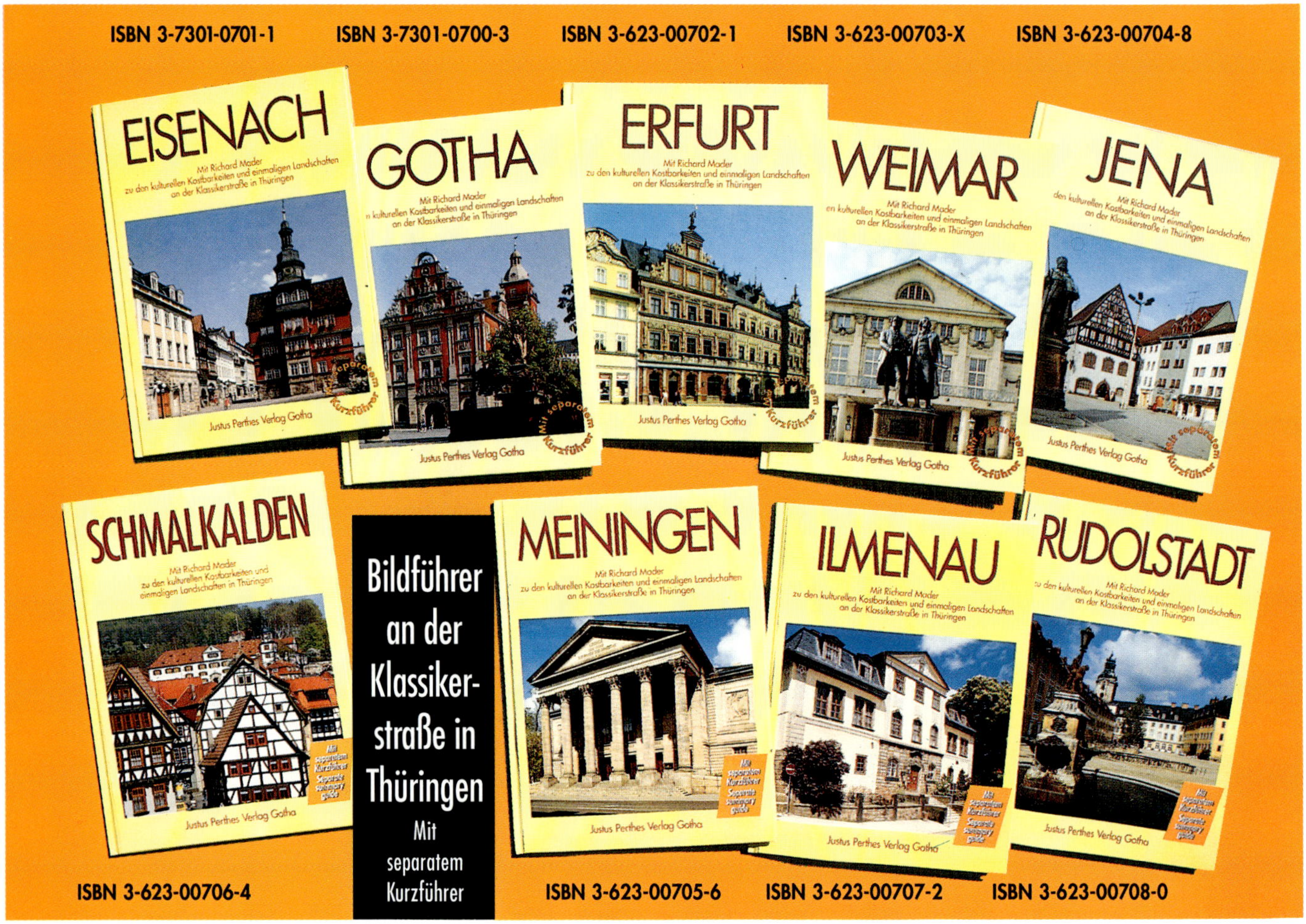

Lektor: Dr. Klaus-Peter Herr
Verzeichnis der Bildquellen:
Alle Fotos vom Autor, außer S. 8, 36 rechts, 51 und 52 oben
Foto S. 8: Luftbildvertrieb G. Otto, Arnstadt
Foto S. 36 rechts: Presseabteilung Meininger Theater
Fotos S. 51 und 52 oben: Stiftung Weimarer Klassik
Karten S. 9 und 47: Justus Perthes Verlag Gotha,
Historische Karte S. 6–7: Wissenschaftliche
Bibliothek und Archiv im Justus Perthes Verlag Gotha
Historische Abbildungen S. 10/12: Staatliche Museen Meiningen
Gesamtgestaltung und Satz: Richard Mader
Bildreproduktionen: HBM Print Pte. Ltd., Singapore
Offsetdruck und Buchbinderei: Druckhaus Erfurt GmbH
Autor und Verlag danken den Staatlichen Museen in Schloß Elisabethenburg, dem Meininger Theater, der Tourist-Information, den Museen der Stadt Römhild und dem Steinsburgmuseum für ihre freundliche Unterstützung.
Alle Angaben in dieser Druckschrift erfolgen nach bestem Wissen, jedoch ohne Gewähr !

Titelbild: Meininger Theater
Einbandrückseite: Schillerhaus in Bauerbach

Die Deutsche Bibliothek – CIP-Einheitsaufnahme

Mader, Richard:
Mit Richard Mader zu den kulturellen Kostbarkeiten und einmaligen Landschaften an der Klassikerstraße in Thüringen.
- Gotha : Perthes.
NE: HST

Meiningen. - 1. Aufl. - 1994
ISBN 3-623-00705-6

ISBN 3-623-00705-6
MEININGEN
Mit Richard Mader zu den kulturellen Kostbarkeiten und einmaligen Landschaften an der Klassikerstraße in Thüringen

1. Auflage

Bestellwort: Mader, Meiningen/Bildreise